AUTOCOLLANTS USBORNE

HABILLE... LES SPORTS D'HIVER

Illustrations : Dušan Lakićević
Texte : Jonathan Melmoth
Maquette : Matt Preston
Conseiller : Dougie Crawford, champion britannique de ski alpin
Traduction : Véronique Duran

SOMMAIRE

Tu trouveras tous les autocollants à la fin du livre.

PANTHÉON

Les athlètes rêvent de remporter une médaille d'or aux Jeux olympiques d'hiver, organisés dans un pays différent tous les quatre ans. Sers-toi des autocollants pour habiller ces quatre célèbres champions olympiques.

SONJA HENIE - NORVÈGE
PATINAGE ARTISTIQUE

Henie a été championne olympique trois fois de suite (de 1928 à 1936). Plus tard, elle devint une star hollywoodienne.

FRANZ KLAMMER - AUTRICHE
SKI ALPIN

En 1976, au terme d'une descente à couper le souffle, Klammer a remporté la médaille d'or aux Jeux olympiques organisés dans son pays, en Autriche.

OLE EINAR BJØRNDALEN - NORVÈGE
BIATHLON

Bjørndalen détient le record absolu du plus grand nombre de médailles d'or (8) et de médailles olympiques (13).

RAISA SMETANINA - UNION SOVIÉTIQUE
SKI DE FOND

Aucune femme ne détient plus de médailles olympiques que Smetanina. Entre 1976 et 1992, elle en remporta 10 au total, dont 4 médailles d'or.

CHAMPIONS DES SPORTS D'HIVER

Depuis les premiers Jeux olympiques d'hiver organisés en 1924, la Norvège a remporté le plus grand nombre de médailles d'or. Elle en détient 118 au total, ainsi que 111 médailles d'argent et 100 médailles de bronze.

Défenseur des
Red Crowns

HOCKEY SUR GLACE

Alors que les équipes s'affrontent sur la glace, un bruit assourdissant se répand dans l'arène. Un attaquant des Flames s'éloigne avec le palet, tandis qu'un

SKI ET SAUT À SKI

Le ski est l'un des sports d'hiver les plus anciens et les plus populaires. Du ski alpin sur piste en pente raide au saut à ski sur tremplins, il en existe plusieurs variantes. Sers-toi des autocollants pour préparer Élisa et Takeshi à pratiquer leur sport.

SKI

Élisa

SKI ALPIN

Les skieurs alpins dévalent les pentes à toute allure, atteignant une vitesse de 140 km/h.

SKI DE FOND

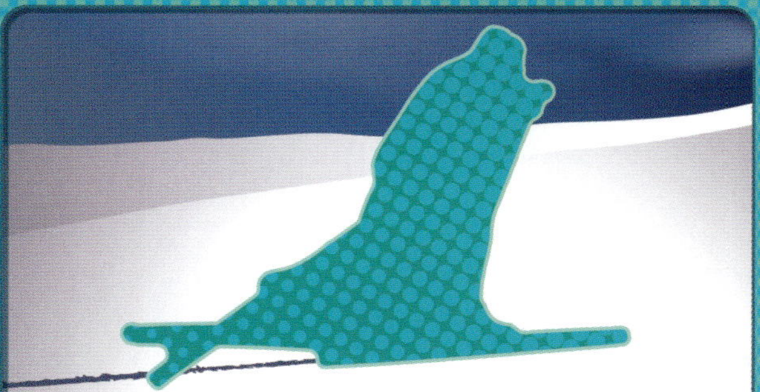

Les skieurs de fond parcourent de longues distances et peuvent même skier en montée.

SKI ACROBATIQUE

Les skieurs acrobatiques s'élancent de tremplins pour réaliser des figures acrobatiques dans les airs.

SAUT À SKI

Les sauteurs à ski s'élancent d'un grand tremplin dans les airs.

Takeshi

LE SAUT À SKI

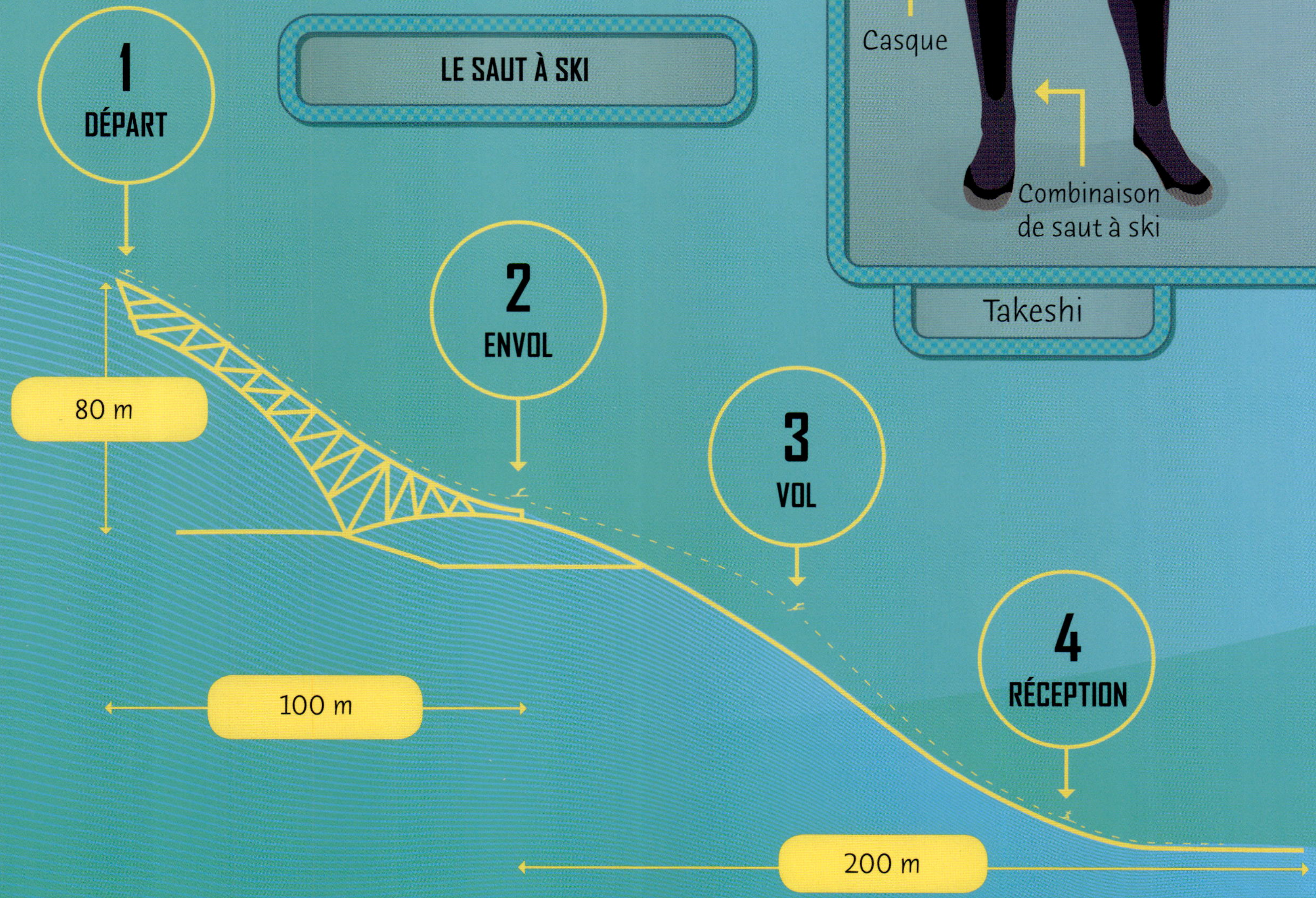

PATINAGE DE VITESSE

Ces patineurs de vitesse sont sur la ligne de départ, prêts à s'affronter sur la piste. Ils portent des patins dotés de longues lames, ainsi qu'un casque et une combinaison anti-coupures pour les protéger au cas où ils tomberaient. La course va être très serrée, donc il est vital de partir du bon pied. À vos marques, prêts, PARTEZ !

Lola
Margot

PATINAGE ARTISTIQUE

Le patinage artistique allie puissance physique et élégance gestuelle pour créer des chorégraphies sur de la musique. Les spectateurs regardent les patineurs sauter et pirouetter sur la glace. Quand la musique s'arrête et que les juges donnent leurs notes, un tonnerre d'applaudissements se fait entendre.

FIGURES EN PATINAGE INDIVIDUEL

Les patineurs individuels exécutent des pirouettes et des sauts époustouflants pour impressionner les juges :

PIROUETTE ASSISE

PIROUETTE ALLONGÉE

PIROUETTE DEBOUT

LUTZ

Voici les différentes étapes d'un lutz – l'un des sauts les plus difficiles.
Utilise les autocollants pour compléter la séquence.

1 Départ en patinant vers l'arrière...

2

3 ... pirouette en l'air...

4

5 ... et réception élégante.

FIGURES EN PATINAGE MIXTE

Le patinage artistique en couple exige une organisation et une coordination parfaites.

SPIRALE

PORTÉ

LANCÉ

ESCALADE SUR GLACE

Ces alpinistes escaladent une cascade gelée en montagne. Pour s'ancrer dans la glace, ils disposent de piolets dotés d'une lame avec des dents et de chaussures d'alpinisme à crampons. Sers-toi des autocollants pour habiller les alpinistes et donne-leur les outils dont ils ont besoin pour leur escalade.

Léon
Éva

BIATHLON

Le biathlon est une épreuve intense de vitesse, d'endurance et d'adresse. Les athlètes doivent parcourir une piste de ski de fond éreintante en côte et en descente à travers la forêt. À chaque séance sur le pas de tir, elles doivent se concentrer pour tirer sur les cibles avec leur carabine. En cas de cible manquée, elles devront effectuer un tour de pénalité avant de passer la ligne d'arrivée.

Carole

Victoria
Amélie

SNOWCROSS

Les moteurs des motoneiges s'affrontant sur une piste accidentée et sinueuse pour atteindre la ligne d'arrivée ronronnent bruyamment. Habille Ryan pour sa prochaine course. Il va avoir besoin d'un casque, de protections et d'une tenue très visible pour que ses rivaux puissent le voir sur la neige.

LEADERBOARD
15e
16e
FINISH
START
1er
TRICK ZONE
3e
2e
5e
4e

COURSE DE CHIENS DE TRAÎNEAU

Voici une carte de l'Iditarod, une course de chiens de traîneau de 1 600 km à travers l'immensité glacée de l'Alaska, aux États-Unis. Chaque meneur de chiens, appelé « musher », guide son attelage à travers la neige épaisse et les vents violents. Le parcours s'étendant d'Anchorage à Nome dure environ une semaine avec quelques postes de contrôle le long de la course.

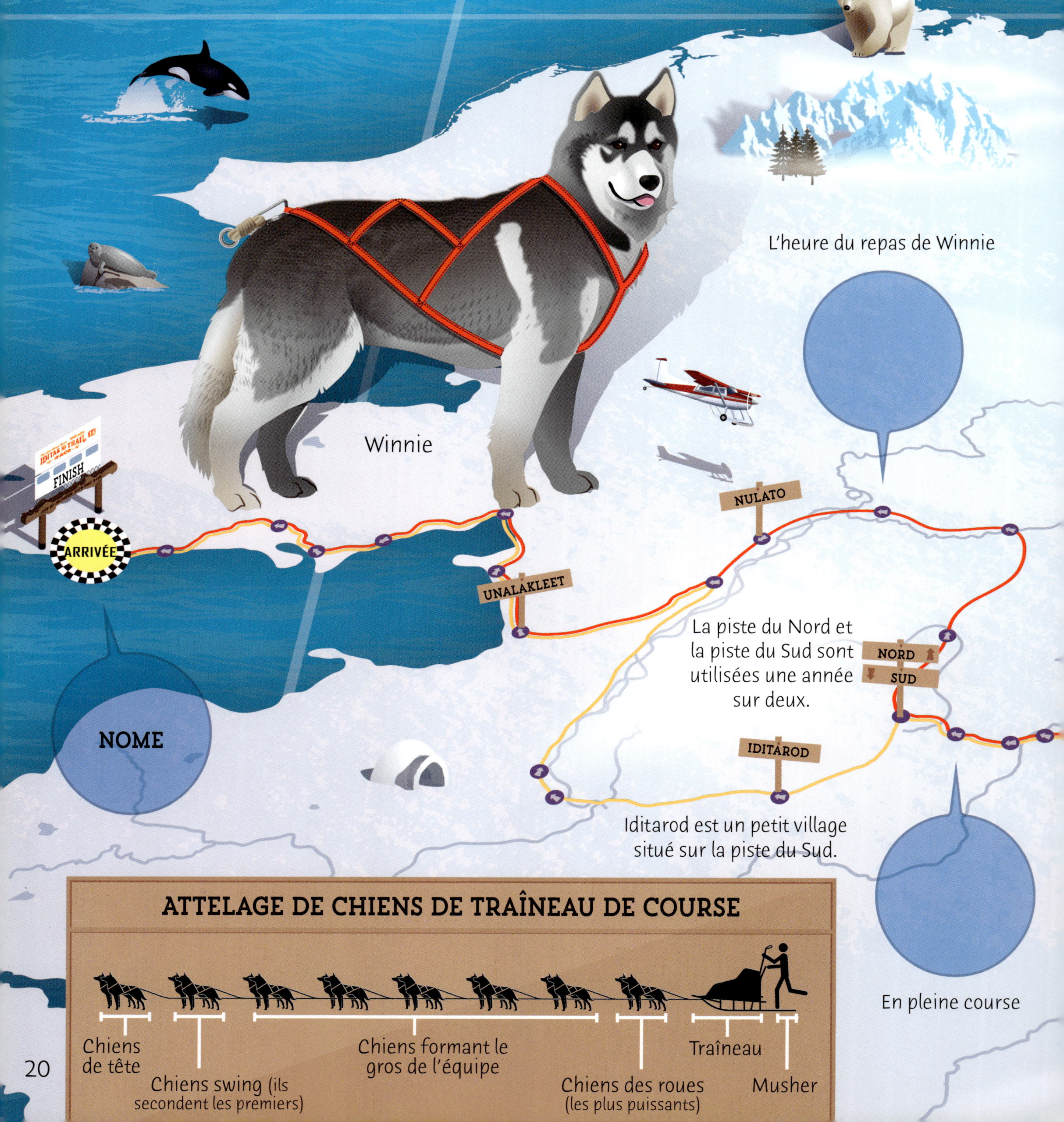

LIEU : ALASKA, ÉTATS-UNIS
Certains soirs, des voiles de lumière naturelle colorée appelés aurores boréales sont visibles dans le ciel.
N
Départ du poste de contrôle
Avions transportant de la nourriture et des médicaments.
RAINY PASS
SKWENTNA
START
DÉPART
ANCHORAGE
Émilie
LÉGENDE
Poste de contrôle
Piste Nord
Piste Sud

SPORTS DE GLISSE

Le bobsleigh, le skeleton et la luge sont des sports de glisse pratiqués sur une piste glacée étroite et sinueuse descendant le long d'une montagne. Les athlètes s'affrontent pour enregistrer le meilleur score, aussi, toutes les fractions de seconde comptent ! Pour effectuer une descente réussie, il faut se positionner de façon à réduire la résistance de l'air et glisser le long des parois dans les virages pour prendre de la vitesse.

Adam

BOBSLEIGH À QUATRE

LONGUEUR : 3,8 m

LARGEUR : 67 cm

POIDS (PLEIN) : 630 kg

VITESSE DE POINTE : 145 km/h

BOBSLEIGH À DEUX

LONGUEUR : 2,7 m

LARGEUR : 67 cm

POIDS (PLEIN) : 340 kg

VITESSE DE POINTE : 145 km/h

PISTE GLACÉE

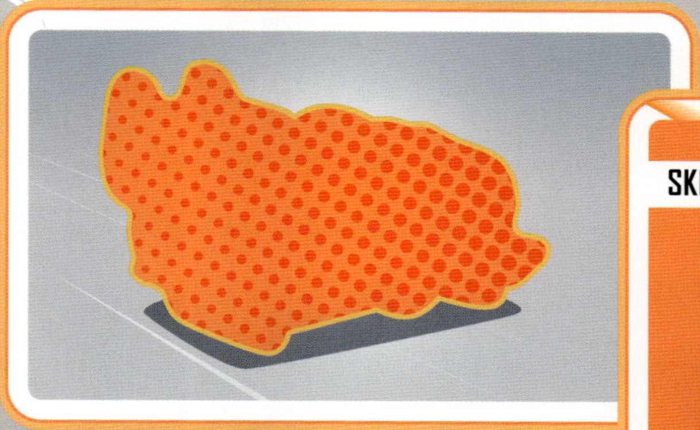

SKELETON

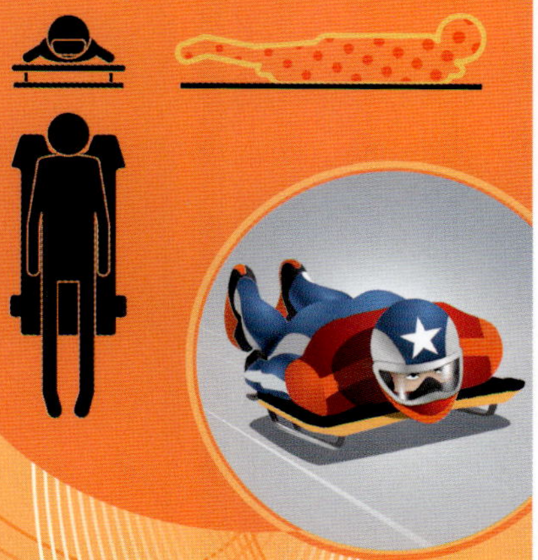

LONGUEUR : 90 cm
LARGEUR : 45 cm
POIDS (de la luge) : 40 kg
VITESSE DE POINTE : 130 km/h

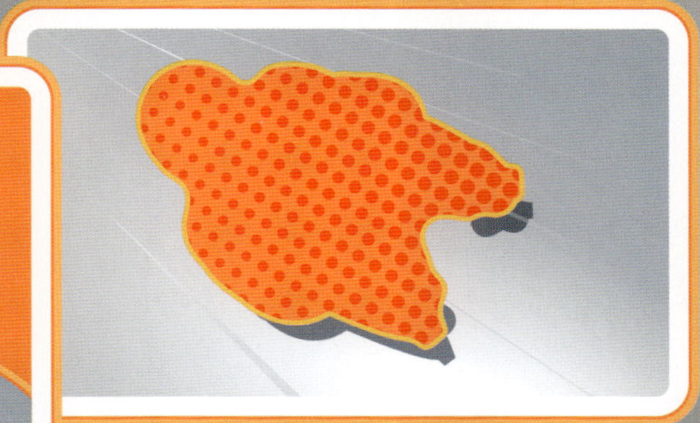

LUGE

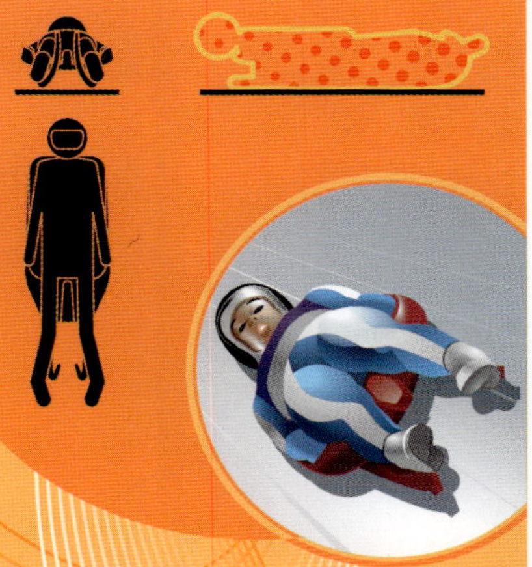

LONGUEUR : 120 cm
LARGEUR : 45 cm
POIDS (de la luge) : 25 kg
VITESSE DE POINTE : 145 km/h

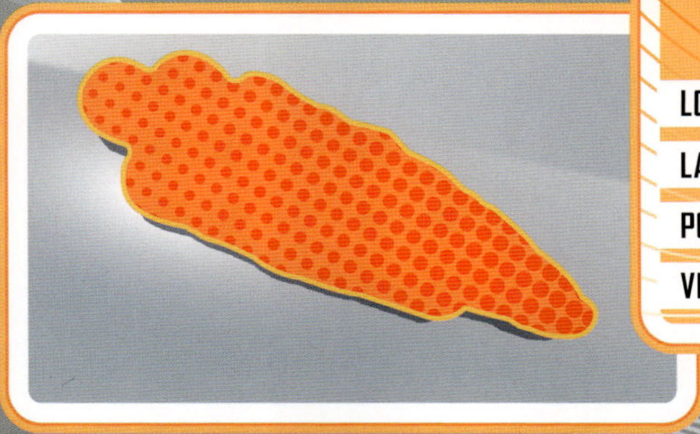

DOUBLE LUGE

LONGUEUR : 120 cm
LARGEUR : 45 cm
POIDS (de la luge) : 30 kg
VITESSE DE POINTE : 145 km/h

INVENTE TES TENUES DE SPORT

À l'aide de feutres ou de crayons, décore les autocollants de vêtements et d'équipements de ce skieur et de cette surfeuse des neiges. Ensuite, donne un nom à chaque athlète et habille-les pour attaquer les pistes.

IDÉES DE MOTIFS

PANTHÉON PAGES 2-3

Suis les numéros et les flèches pour coller les autocollants.

HOCKEY SUR GLACE PAGES 4-5

Suis les numéros et les flèches pour coller les autocollants.

SKI ET SAUT À SKI PAGES 6-7

Suis les numéros et les flèches pour coller les autocollants.

PATINAGE DE VITESSE PAGE 8

Suis les numéros et les flèches pour coller les autocollants.

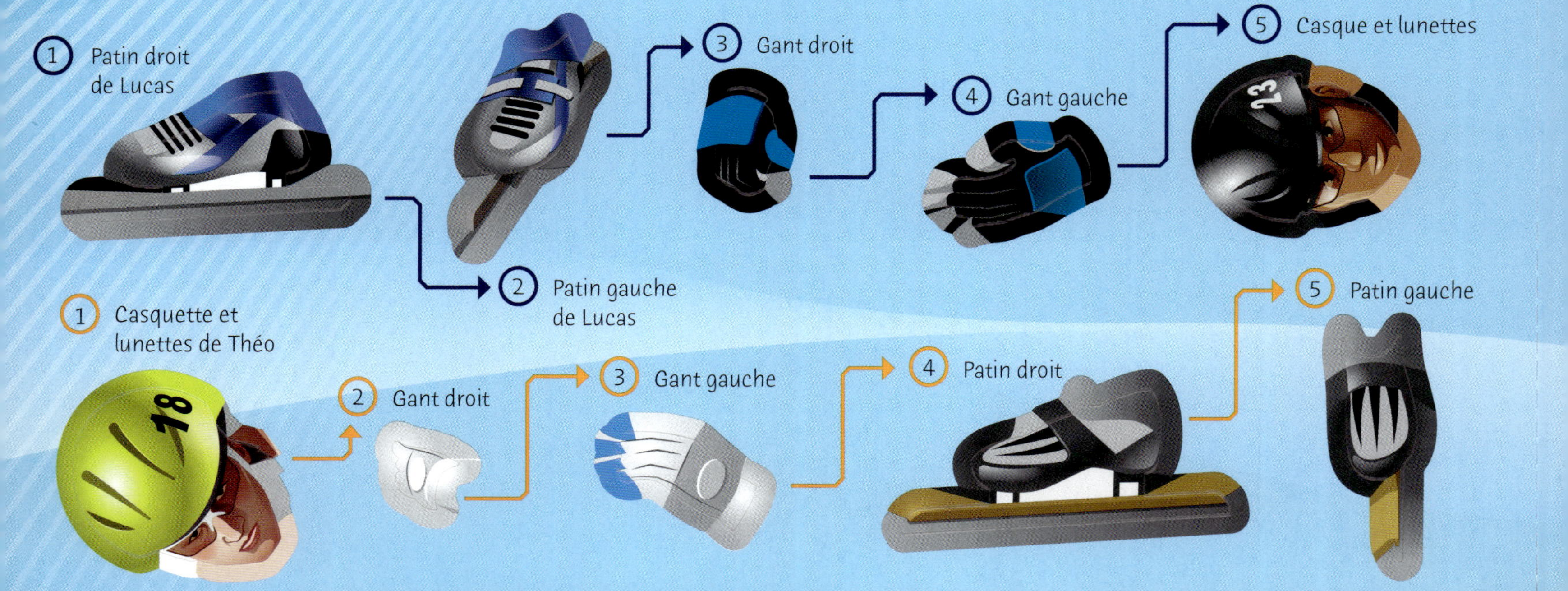

CURLING PAGE 9

Suis les numéros et les flèches pour coller les autocollants.

SURF DES NEIGES PAGES 10-11

Suis les numéros et les flèches pour coller les autocollants.

PATINAGE ARTISTIQUE PAGES 12-13

Suis les numéros et les flèches pour coller les autocollants.

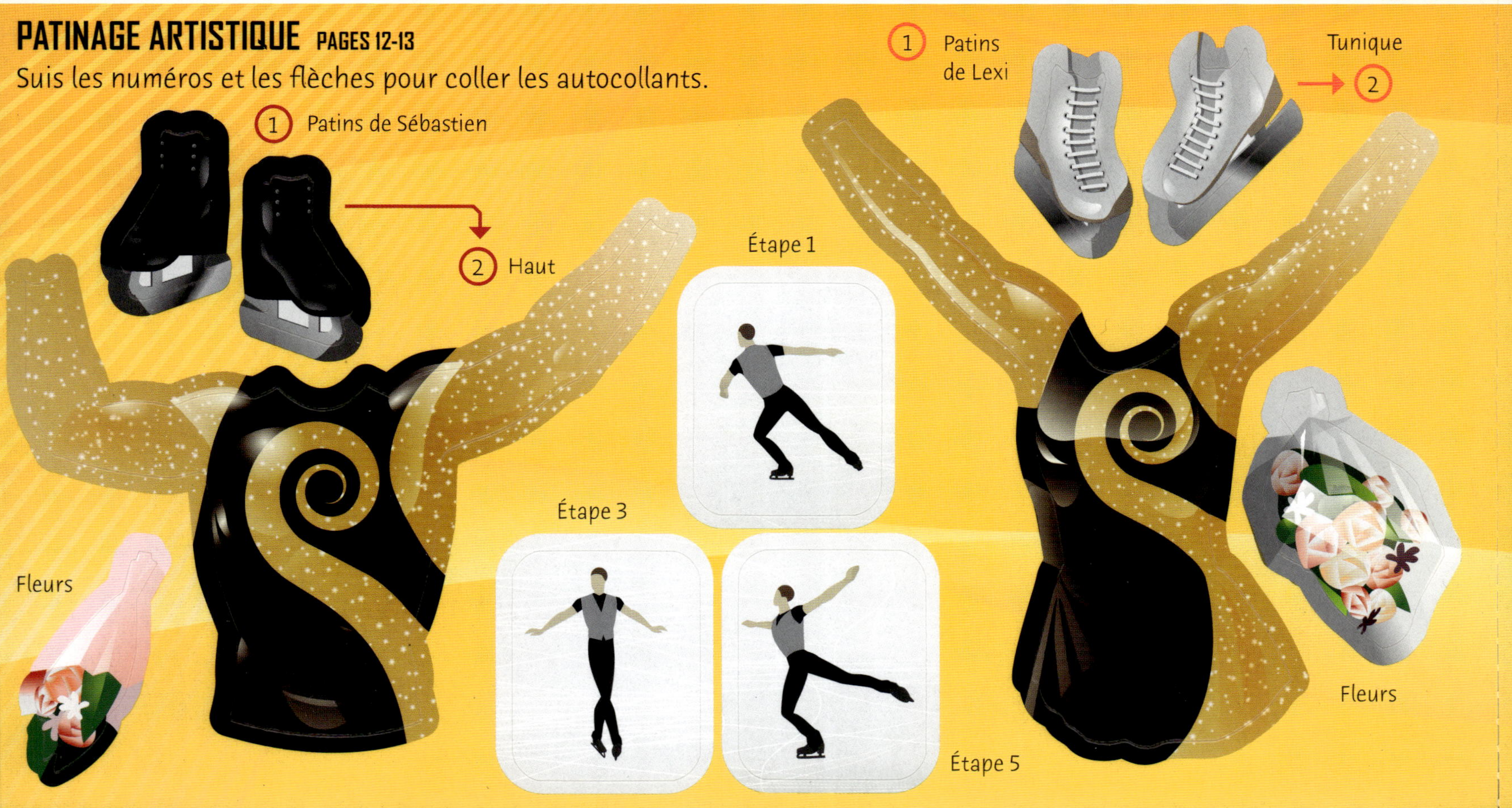

ESCALADE SUR GLACE PAGES 14-15

Suis les numéros et les flèches pour coller les autocollants.

BIATHLON PAGES 16-17

Suis les numéros et les flèches pour coller les autocollants.

SNOWCROSS PAGES 18-19

Suis les numéros et les flèches pour coller les autocollants.

1 Protège-tibias de Ryan

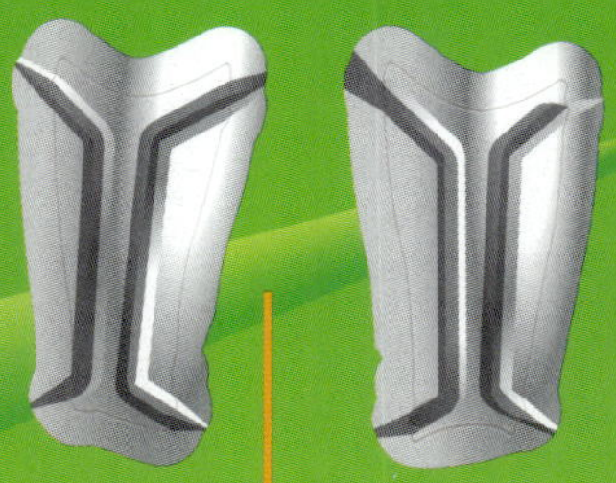

2 Genouillères

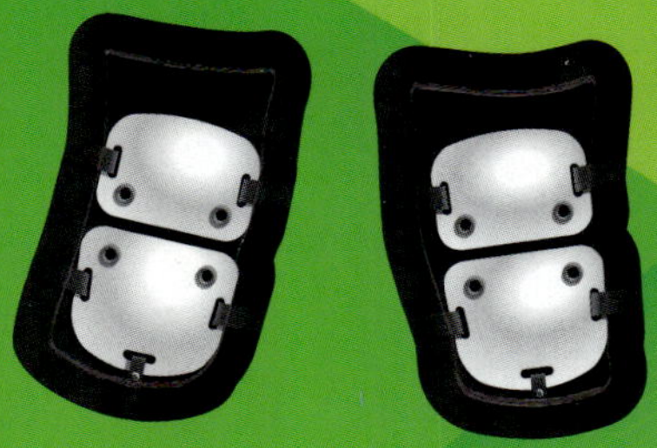

3 Boots

4 Passe-montagne

5 Haut rembourré

6 Protège avant-bras

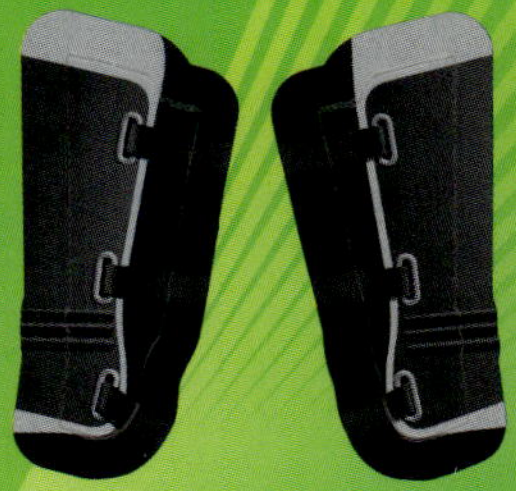

7 Pantalon imperméable

8 Gants

9 Veste très visible

10 Casque

Véhicules de dépannage en cas d'accident

Place ces motoneiges dans le bon ordre sur le parcours.

1er

2e

3e

4e

5e

6e

7e

8e

9e

10e et 11e

12e

13e

14e

15e

16e

Cet athlète s'élance depuis le grand tremplin pour offrir un spectacle au public.

COURSE DE CHIENS DE TRAÎNEAU PAGES 20-21

Suis les numéros et les flèches pour coller les autocollants.

INVENTE TES TENUES DE SPORT PAGE 24

Suis les numéros et les flèches pour coller les autocollants.

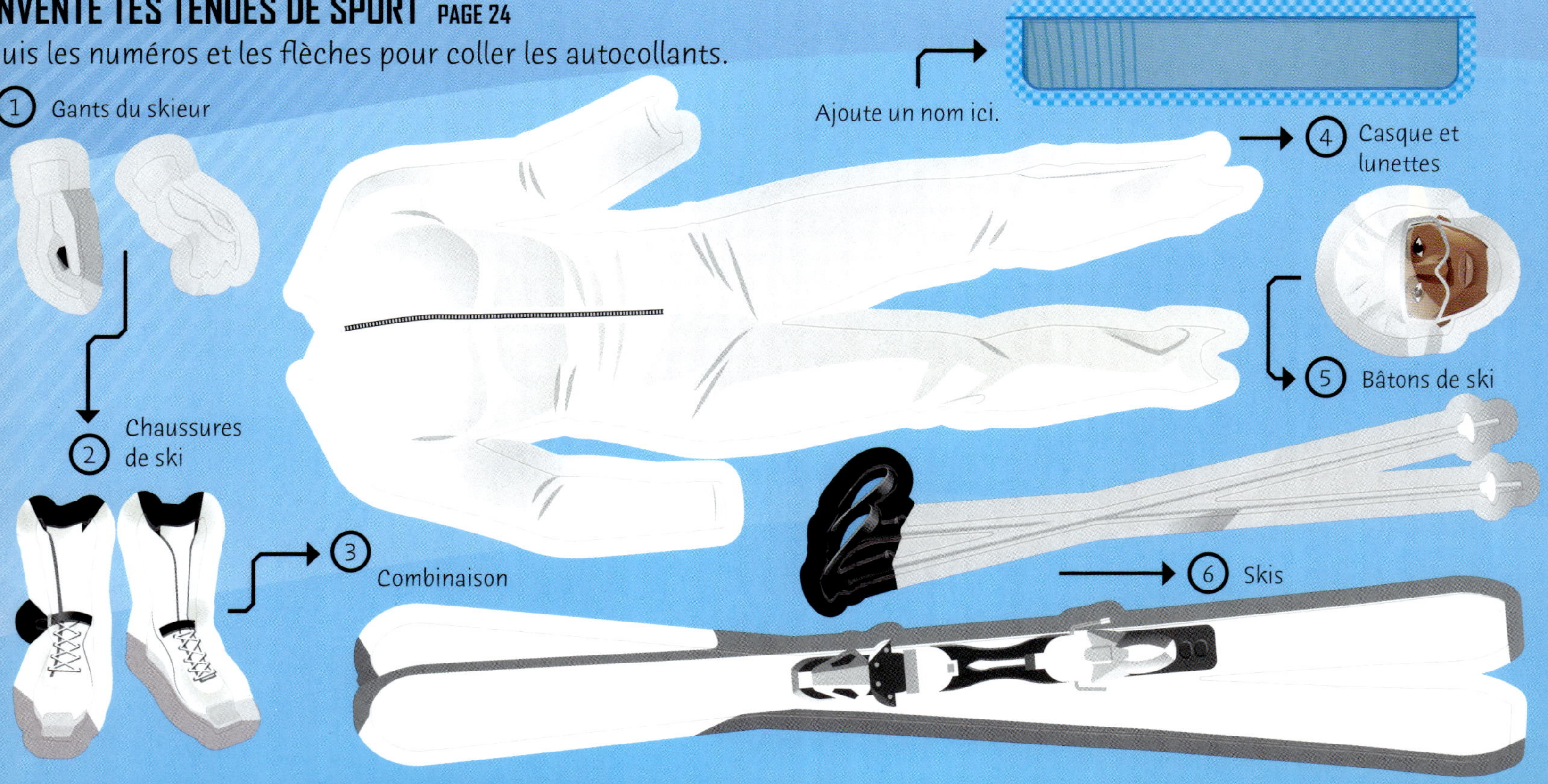

SPORTS DE GLISSE PAGES 22-23

Suis les numéros et les flèches pour coller les autocollants.

Bobsleigh à deux

Double luge

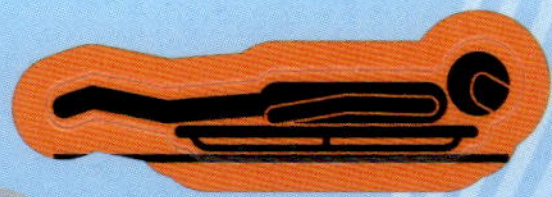

Skeleton

Luge

1 Gants d'Adam

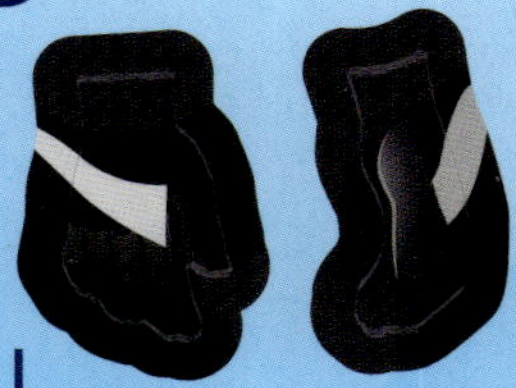

2 Chaussures de piste

3 Combinaison

4 Casque

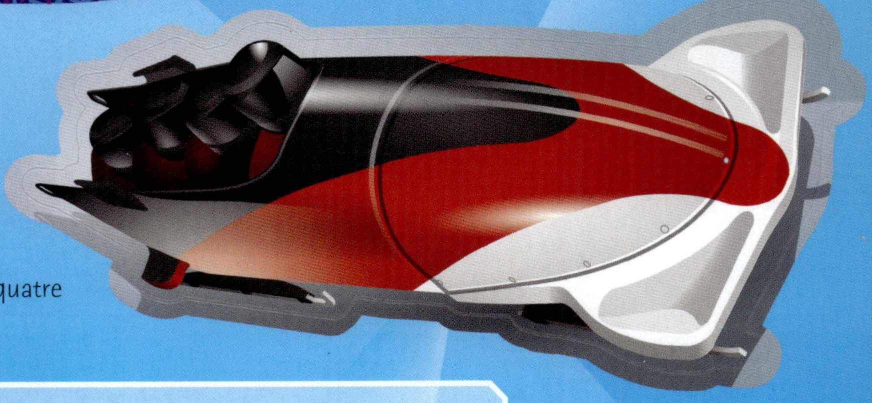

Bobsleigh à quatre

Ajoute un nom ici.

1 Boots de la surfeuse des neiges

2 Pantalon

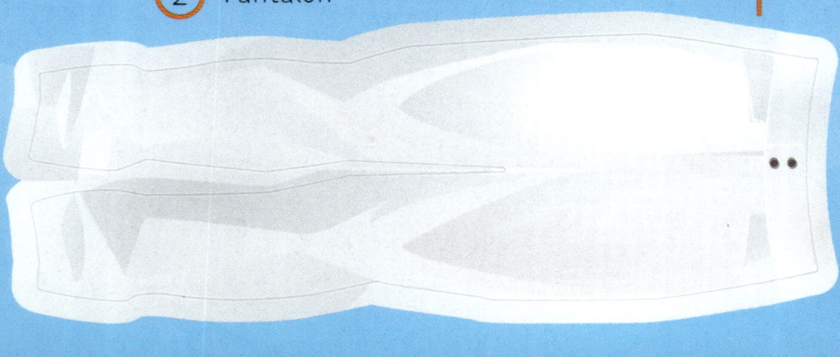

3 Casque et lunettes

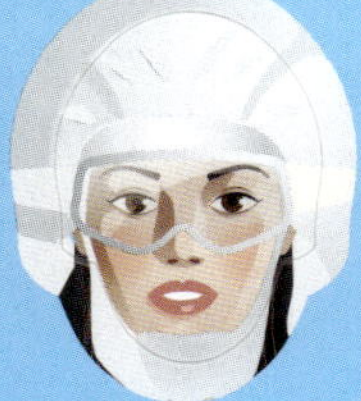

4 Gants

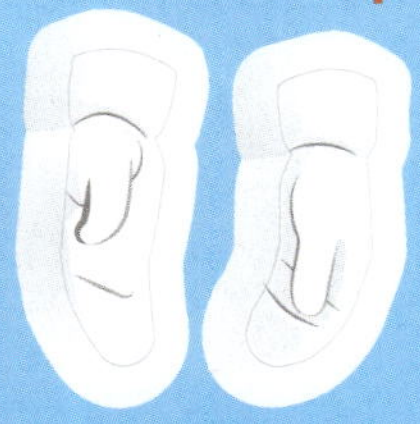

5 Veste

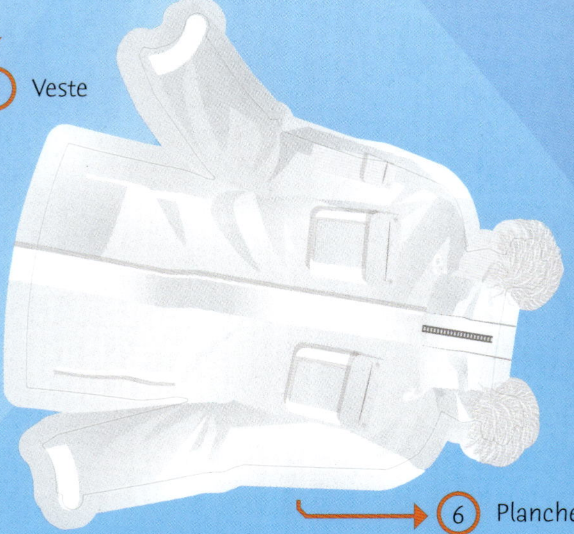

6 Planche